creciendo con

MARTA

libros para sentir

everest

Para mi marido, José Antonio, con el que compartí el crecimiento de nuestros queridos hijos, José David y Marta, y nuestra fiel y amada perrita Laika. Con todo mi cariño —C. M. A.

A mis hijos, niños, y a los niños, todos —A. C. C.

El cumpleaños de Laika

Laika adopta a un cachorro

Carmen Martín Anguita

Ilustraciones de Alicia Cañas Cortázar

everest

Presentación de la colección

Los valores, el control de los impulsos, el manejo de las emociones
y de los sentimientos (es decir, todo aquello que nos permite «vivir bien»)
se transmiten por contagio.

La psicología establece que la formación de la estructura moral básica
se construye durante los primeros años de la vida.

Pero esto no se «enseña» a través de un método de transmisión directa
de conocimientos, como pueden ser los conocimientos matemáticos.
Es a través del contacto diario con la familia (o la cuidadora),
y en la escuela, donde se produce este «aprendizaje emocional».

Partiendo de estos presupuestos, la colección CRECIENDO CON MARTA
se lanza con la pretensión de alcanzar los siguientes objetivos:

- Potenciar, con herramientas creativas, el proceso de «desarrollo
  emocional» de los niños.

- Hacerlo mediante la utilización de la fantasía como instrumento
  preferente, ya que el niño no distingue entre la fantasía y la realidad;
  la realidad del niño está instalada en la fantasía.

- Llevarlo a cabo «por contagio», a través de un cuento con numerosas
  interpretaciones basadas en una interacción personal.

- Ayudar a solucionar los conflictos típicos de la infancia, tanto
  en el contexto familiar como escolar, de una forma sugerente, a través
  de los cuentos.

Jesús Blanco García
Psicólogo

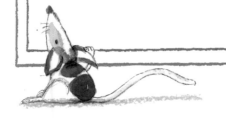

Es el cumpleaños de Laika, y para celebrarlo, Marta y David han invitado a todos sus amigos. Pero antes, han decidido que deben bañar a su perrita.

—David, ayúdame a meter a Laika en la bañera —pide Marta a su hermano.

—Ya verás cómo te gusta —le dice David a Laika.

Laika no está demasiado de acuerdo; chapotea, se sacude y salpica a los niños. Los tres están empapados. Marta y David lo están pasando estupendamente.

Mamá abre la puerta.

—¿Qué está pasando aquí? ¡Está todo mojado! —les regaña mamá, enfadada.

—Estamos bañando a Laika —contesta David alegremente.

Laika está llena de espuma.

—Después de aclarar a Laika, todo debe quedar limpio y recogido.

Suena el timbre de la puerta, y David y Marta corren a abrirla. Han llegado sus amigos.

—Este lazo es para Laika —dice Laura, sonriendo.

—¡Qué bonito! —responde David, ilusionado.

Cristina y Carlitos han comprado a Laika una pelota de goma.

Los gemelos Ester y Álvaro también le han traído a Laika un regalo.

—Es un hueso —le dice Ester a la perrita, que demuestra su alegría moviendo el rabo. Laika lo mira, lo huele y lo recoge con la boca. Todos se echan a reír.

10

Todos menos Álvaro, que está en un rincón con la cara desencajada.

Laika se acerca a Álvaro. El niño se encoge; está a punto de llorar.

—Le dan miedo los perros —explica su hermana, reteniendo a Laika por el collar.

—Quizá sería bueno que la sacásemos del salón —opina Marta.

Papá para el coche y se dirige hacia el bulto. Lo recoge y vuelve con él en los brazos.

—¿Qué trae papá? —pregunta Marta a su mamá, curiosa.

—No sé, ahora lo veremos, pero no podemos bajar del coche —ordena mamá.

—Es un cachorro —dice papá al llegar—. Está herido por el golpe.

Marta y David se inclinan hacia el asiento de delante.

—¿Se va a morir? —pregunta Marta, preocupada.

—¡Papá, enséñamelo! —pide David.

Los niños se ponen a hablar y Laika comienza a ladrar. Papá y mamá deciden llevar al cachorro al veterinario.

Mamá lo envuelve con cuidado en una manta.

—Algunas personas creen que los animales son juguetes; los tienen por capricho y, cuando llegan las vacaciones, los abandonan. ¡Qué falta de responsabilidad! —dice papá, enfadado.

—¿Nos lo podemos quedar? —piden a coro Marta y David—. Nosotros nunca lo abandonaremos —promete Marta.

—No lleva collar, ni identificación —comenta mamá.

—Quizá lleve un chip, aunque lo dudo —añade papá.

23

—¿Qué es un chip? —pregunta Marta.

—Un chip es una plaquita que se le pone a los perros debajo de la piel, en la que constan los datos de su dueño —le explica papá.

En la clínica hay varias personas esperando con sus mascotas.

24

Marta y David están preocupados por el cachorro.

David tiene a Laika en brazos. La acaricia dulcemente como cuando se pone malita.

A Laika le gusta mucho que la acaricien y le rasquen la barriguita suavecito.

Le gustan mucho los niños, y cuando David y Marta están malitos, ella no se aparta de los pies de su cama. Papá dice que los perros son muy fieles.

Elena, la veterinaria de Laika, les manda pasar.

—El cachorro está magullado por el golpe y está muy asustado —les explica Elena—, pero, por lo demás, está bien.

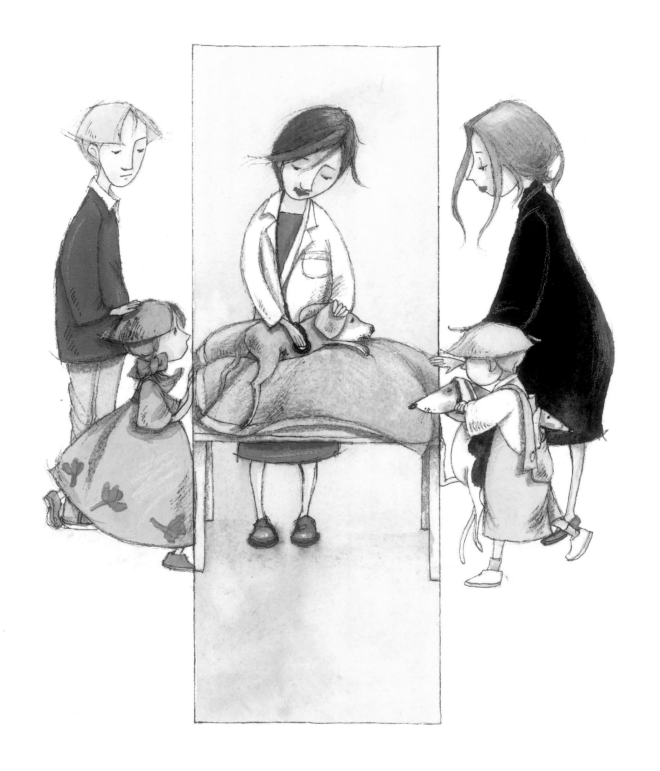

27

—¿Nos lo podemos quedar? —insiste Marta.

—Nube me ha dicho que se quiere quedar con nosotros —asegura David, que ya le ha puesto nombre al cachorrito.

—¿Nube te ha dicho eso? —sonríe Elena.

—Sí —afirma rotundamente David.

—Nosotros lo cuidaremos. Yo puedo cepillarle igual que cepillo a Laika —se compromete Marta.

—Yo le daré de comer y le pondré todos los días el agua —promete David.

Elena pasa un detector por el cachorro.

—No tiene chip. Eso significa que el perro no tiene dueño —afirma la veterinaria.

Papá y mamá se miran.

—De momento, se vendrá a casa, hasta que se recupere —dice papá.

Nube está durmiendo en la cuna pequeña de Laika.

Laika le lame con ternura.

—Creo que lo ha adoptado —sonríe mamá.

Marta y David se miran con una mirada cómplice y piensan: «¡Ya somos seis!»

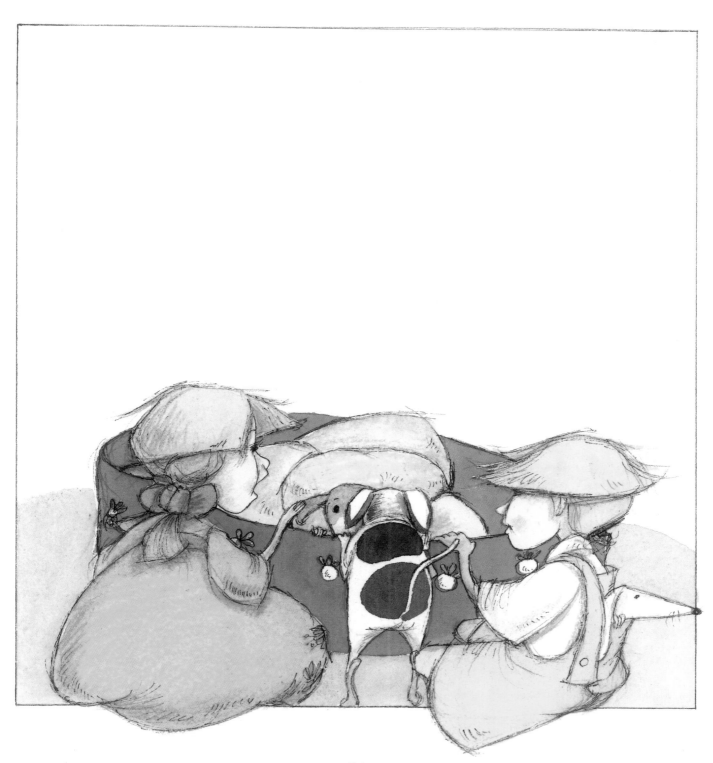

© 2008 de los textos Carmen Martín Anguita
© 2008 de las ilustraciones Alicia Cañas Cortázar
© 2008 EDITORIAL EVEREST, S. A.
División de Licencias y Libros Singulares
Calle Manuel Tovar, 8
28034 Madrid (España)
Reservados todos los derechos.
ISBN: 978-84-241-5803-3
Depósito legal: LE. 874-2008
Printed in Spain – Impreso en España
Editorial Evergráficas, S. L.

Colección
Creciendo con Marta